SAVING SPECIES
멸종 위기 동물들

글 제스 프렌치
그림 제임스 길러드
옮긴이 명혜권

우리동네
책공장

CONTENTS

우리의 아름다운 지구   4
멸종 위기종 지도   6

아시아(ASIA)
오랑우탄   8
아무르 표범   10
귀천산갑   12
가비알과 골든 마시르   14
호랑이   16

오스트랄라시아(AUSTRALASIA)
태즈메이니아데빌   18
카카포   20
타카헤   21
산호   22
로드하우 대벌레   23

아프리카(AFRICA)
검은 코뿔소   24
인드리와 레서 카멜레온   26
말라카시 레인보우 개구리   27
이집트대머리수리   28
마운틴고릴라   30

해양(OCEAN)
참고래   32
바키타돌고래   33
바다거북   34
검은전복   35

| 큰귀상어 | 36 |
| 대서양 참다랑어 | 37 |

남아메리카(SOUTH AMERICA)
친칠라	38
뿔 아놀도마뱀	39
자이언트수달	40
하야신스마코금강앵무	41
아홀로트	42

북아메리카(NORTH AMERICA)
북극곰	44
산타카탈리나방울뱀	46
캘리포니아 콘도르	48
암어리표범나비	49
큰긴코박쥐	50

유럽(EUROPE)
바다오리	52
물쥐와 큰 뗏목 거미	54
호커잠자리	55
큰 노란 호박벌	56

우리의 도움이 필요한 또 다른 생명체 58
작전 개시! 60
미래에 대한 희망 62

우리의 아름다운 지구

제스 프렌치 박사의 글

태국의 신비로운 긴팔원숭이부터 파타고니아에서 만난 방귀 뀌는 스컹크까지…. 운이 좋게도 저는 지구 곳곳을 여행하면서 희귀하고 멋진 생물들을 만날 수 있었습니다. 낯선 서식지를 방문하고 희귀한 동물을 만나는 일은 마치 또다른 세상에 들어서는 것 같았습니다.

한편 걱정이 들기도 했습니다. 축 처진 코가 특징인 보르네오의 긴코원숭이는 감탄할 정도로 멋있었지만, 그 지역의 숲이 파괴되고 있는 현실이 이들에게 어떤 영향을 미칠지 두려웠습니다. 케냐에서 작고 순한 영양을 만났을 땐, 아프리카 황무지에 가득한 덫에 걸려 다칠까 봐 걱정되었습니다. 또 호주에서는 판다누스 소나무 대벌레의 박하 향에 매료되어있는데, 지구온난화로 이 멋신 부척주 생불이 지구에서 사라져 버릴까 염려되었답니다.

인간의 이기심과 잘못된 행동 때문에, 우리는 이미 놀라운 속도로 다양한 종의 생물들을 잃고 있습니다. 환경오염과 기후변화, 밀렵, 삼림 벌채, 질병, 인구 증가는 자연 생태계를 파괴하고 있습니다. 현재 1만 종이 넘는 생물들이 지구에서 영원히 사라질 위험에 처해있습니다. 지구의 모든 생물들은 먹고 먹히는 먹이사슬로 연결되어 있기 때문에, 일부 종이 사라지게 된다면 먹이사슬은 물론 생태계 전체가 무너질 수 있습니다.

저는 이러한 위기 상황을 널리 알리고 싶었습니다. 그래서 멸종 위기종 중에서도 가장 심각한 생명체를 선별하고, 멸종 위기 동물을 돕기 위해 이루어지고 있는 놀라운 일들을 정리해 〈멸종 위기 동물들 SAVING SPECIES〉에 담아내었습니다. 취재를 하는 과정에서 만난 전세계의 환경보호 운동가들은 멸종 위기 동물들을 위해 싸우고 있었습니다. 이들의 활동은 저에게 큰 영감을 주었고, 한편으론 안심이 되었습니다.

하지만 우리가 사는 지구와 다양한 생명체들을 보호하기 위해선 우리 모두의 노력이 꼭 필요합니다. 무엇으로도 대신할 수 없는 유일한, 고귀한, 특별한 생명체가 우리와 함께 지구에서 오래 살 수 있도록 많은 관심을 가져 주길 바랍니다.

Jess French

오랑우탄(ORANGUTAN)

겁이 많은 오랑우탄은 포식자를 피해 주로
나무 꼭대기에 매달려 생활합니다.

오랑우탄의 팔은 최대 2m에 이를 정도로 거대하고 힘이 셉니다.
올림픽 체조 선수처럼 민첩하고 우아하게 나무 사이를 휘젓고 다닙니다.

오랑우탄은 말레이어로 '숲에 사는 사람'을 의미할 정도로, 인간과
가까운 동물입니다. 하지만 인간들의 이기심으로 인해 현재
오랑우탄은 멸종 위기에 처해있습니다. 초콜릿이나 빵,
땅콩버터를 만드는 데 필요한 야자유 농장을 만드느라
오랑우탄 서식지의 나무들을 과도하게 베어버렸기
때문입니다. 심지어 밀렵꾼들은 어미 오랑우탄을
죽이고 새끼 오랑우탄을 데려와, 사람들에게
애완동물로 팔고 있습니다.

▼ **사는 곳**
말레이제도 보르네오섬,
인도네시아 스마트라섬

❗ **위험 요소**
서식지 감소, 밀렵, 애완동물 거래

◎ **멸종 위기 상태**
심각한 위기종 위급

전 세계 환경보호 운동가들은 지역주민들과 함께 숲을 가꾸기 위해 노력하고 있습니다. 야자유를 생산하는 기업에게는 야자수 나무 뿐만 아니라 서식지에 원래 심어져 있던 토종 식물도 함께 재배할 것을 요구하고 있습니다. 또한 어미를 잃은 새끼 오랑우탄을 구하고, 새끼 오랑우탄을 몰래 거래하는 밀렵꾼들의 감시를 더욱 강화해야 한다고 주장하고 있답니다.

아무르 표범(AMUR LEOPARD)

많은 사람이 '표범' 하면 아프리카의 뜨거운 태양을 피해 쉬고 있는 맹수의 모습을 떠올릴 것입니다. 하지만 표범은 보기 드문 연한 빛의 털로 아름다움을 뽐내는 반전 매력을 갖고 있습니다.

아무르 표범은 부드러우면서도 두꺼운 털과 긴 다리를 자랑합니다. 눈이 많이 내리는 혹독한 러시아의 겨울에서도 살아남기 위해 진화한 모습입니다. 대부분 혼자 생활하며 낮에는 바위 동굴에서 쉬고, 밤에 사냥하는 야행성 동물입니다.

한때 아무르 표범은 한국과 중국 등 넓은 지역에 걸쳐 살았습니다. 그러나 무자비한 사냥으로 지금은 멸종에 이를 정도로 개체 수가 급격히 줄어들었습니다. 아무르 표범의 아름다운 가죽은 카펫과 장식품으로 만들어지고, 뼈는 중국 전통 한의학에서 사용됩니다. 또한 광산과 송유관, 농지, 마을이 늘면서 아무르 표범의 서직지 또한 점점 줄어들었습니다.

러시아와 영국의 일부 동물원에서는 아무르 표범을 사육하는 프로그램을 진행하고 있습니다. 아무르 표범이 건강하게 자라도록 돌본 뒤 자연에 방사해, 야생 개체수를 늘리는 것을 목표로 하고 있답니다.

귀천산갑(CHINESE PANGOLIN)

주로 개미를 잡아먹는 귀천산갑은 세계에서 유일하게 몸이 단단한 비늘로 덮여 있는 포유류입니다.

귀천산갑은 길고 끈적끈적한 혀로 일 년에 약 7천만 마리의 개미를 잡아먹습니다. 위험에 처했을 땐 몸을 구부려 단단한 공 모양을 만들어 포식자로부터 스스로를 보호합니다. 반면 공 모양의 천산갑은 인간이 주워가기 쉬워서 더 큰 위험에 처하기도 합니다.

귀천산갑은 최근 전 세계에서 가장 많이 불법 거래되는 동물입니다. 특히 아시아 지역에서 비늘은 약재로, 고기는 고급요리의 재료로 거래되고 있습니다.

▼ 사는 곳
중남아시아, 동남아시아

❗ 위험 요소
밀렵, 서식지 감소

◎ 멸종 위기 상태
심각한 위기종 위급

다행히도, 최근 전세계가 귀천산갑의 위험한 상황을 알게 되었습니다. 환경보호 운동가들은 사람들에게 귀천산갑의 비늘을 거래하는 것이 얼마나 잔인한 일인지 알리고, 귀천산갑을 거래하는 사람들에게 더 엄격한 처벌을 해야 한다고 주장하고 있습니다. 또 밀렵꾼들이 침입하지 못하도록 귀천산갑의 서식지를 제한구역으로 정했답니다.

가비알(GHARIAL)

독특한 생김새의 가비알은 악어류 중에서 가장 큰 개체입니다.

가비알의 길고 얇은 주둥이와 날카로운 이빨은 물고기를 사냥하기에 안성맞춤입니다. 물속에서는 뛰어난 수영선수처럼 자유롭지만, 땅 위에서는 움직이는 게 매우 불편하고 서툽니다. 왜냐하면 몸이 너무 무거워서 짧은 다리로 들어 올리기가 어렵기 때문입니다.

▼ **사는 곳**
인도, 네팔

⚠ **위험 요소**
서식지 감소, 환경 오염, 알 밀렵

◎ **멸종 위기 상태**
심각한 위기종 위급

골든 마시르(GOLDEN MAHSEER)

'물고기의 왕'으로 불리는 골든 마시르는 몸 크기가 최대 2.5m까지 자라고, 황금색으로 빛나는 비늘이 인상적인 어류입니다.

안타깝게도, 서식지가 줄면서 가비알과 골든 마시르의 개체수가 빠르게 감소하고 있습니다. 또 이 지역의 어부들이 다이너마이트를 이용해 낚시를 하면서 문제는 더욱 커지고 있습니다. 다이너마이트를 사용하면 물이 오염될 뿐 아니라, 먹잇감인 물고기들이 목숨을 잃기 때문입니다.

사는 곳
중남부 아시아

위험 요소
서식지 감소, (수질) 오염, 남획

멸종 위기 상태
멸종 위기종 위기

현재 환경보호 운동가들은 가비알과 골든 마시르를 별도의 공간에서 안전하게 사육하고 있습니다. 또한, 지역주민들과 함께 강을 청소하고, 순찰대가 직접 얼마 남지 않은 가비알과 골든 마시르를 보호하고 있습니다. 이러한 노력이 모여 가비알과 골든 마시르가 그들이 살던 곳에서 자유롭게 헤엄치는 모습을 볼 수 있기를 바랍니다.

호랑이(TIGER)

- 사는 곳: 중남부 아시아
- 위험 요소: 밀렵, 서식지 감소
- 멸종 위기 상태: 멸종 위기종 위기

호랑이는 아시아 지역의 숲을 거니는 모든 고양잇과 중 가장 큰 동물입니다.

주황색과 검은색으로 이뤄진 아름다운 호랑이의 줄무늬는 개체별로 그 모양이 조금씩 다릅니다. 덕분에 지구상에서 가장 아름다운 생명체 중 하나로 꼽힙니다.

서식지는 마을과 농지가 들어서면서 급속히 줄어들고 있습니다. 또 밀렵꾼이나 농부의 총에 쏘여 살해당할 위험에 놓여있습니다.

세계적인 비영리 환경보전기관인 세계자연기금(WWF)은 지난 2010년 11월에 호랑이 보호를 위한 정상회담을 열었습니다. 그리고 여기에 참가한 인도와 네팔 등 호랑이 서식 국가 12개국이 '야생호랑이 2배 늘리기 프로젝트'에 참여하기로 약속했습니다. 이 프로젝트는 2022년까지 야생호랑이의 개체수를 현재의 두 배인 6천 마리 이상으로 늘리는 것을 목표로 여러 활동을 하자는 내용입니다.

현지 주민들은 호랑이와 함께 평화롭게 사는 법을 배우고 있으며, 일부는 호랑이를 노리는 밀렵꾼들을 감시하는 경비원이 되기 위해 훈련받고 있습니다. 바라건대, 언젠가 이 아름다운 동물이 인간들과 조화롭게 살고 번영할 수 있기를 바랍니다.

태즈메이니아데빌(TASMANIAN DEVIL)

동물의 사체를 먹는 자연 청소부, 태즈메이니아데빌은 뼈를 부러트릴 만큼 강한 턱을 가지고 있습니다.

태즈메이니아데빌은 등골이 오싹할 정도로 날카로운 울음소리와 단단한 턱 때문에 악마를 뜻하는 영단어 '데빌 (devil)'이 이름으로 붙여졌습니다. 하지만 실제 몸 크기는 집에서 기르는 고양이보다도 크지 않고, 겁이 많습니다.

지금은 태즈메이니아 섬에서만 발견되지만, 원래는 호주 전역에서 서식했습니다. 야행성 동물로 밤에 수풀을 순찰하고, 직접 사냥하기 보다는 죽은 동물들을 먹습니다. 한 번에 시체 하나를 다 먹을 정도로 식성이 좋습니다. 심지어 먹잇감의 털과 뼈 등을 모두 먹어 치웁니다.

- 사는 곳
  호주 태즈메이니아섬
- 위험 요소
  질병, 밀거래, 남획
- 멸종 위기 상태
  멸종 위기종 위기

한때 농부들은 태즈메이니아데빌이 마을의 양과 닭을 죽인다고 믿었고, 이로 인해 거의 멸종 위기까지 몰렸습니다. 현재는 얼굴 전체로 혹이 퍼지는 전염병이 태즈메이니아데빌을 위협하고 있습니다. 과학자들은 건강한 태즈메이니아데빌을 고립된 섬으로 이동시켜 건강한 개체수를 번식시키고, 성체가 되면 다시 자연으로 돌려내는 방법을 고민하고 있습니다.

카카포(KĀKĀPŌ)

카카포는 다른 앵무새와는 달리 날지 못합니다.

'밤 앵무새'란 뜻의 카카포는 이름처럼 주로 밤에 활동합니다. 유일하게 날 수 없는 앵무새이며, 90살까지 살 수 있습니다. 짝짓기 기간 동안 수컷들은 교미할 암컷을 찾기 위해 '붐' 하는 독특한 소리를 내는데, 5km 떨어진 곳에서도 들을 수 있을 정도로 소리가 큽니다.

▽ **사는 곳**
뉴질랜드

❗ **위험 요소**
육지의 포식자

◎ **멸종 위기 상태**
심각한 위기종 위급

- 사는 곳
  뉴질랜드
- 위험 요소
  육지의 포식자
- 멸종 위기 상태
  멸종 위기종 위기

타카헤(TAKAHĒ)

타카헤는 날지 못하는 새이며,
한때 뉴질랜드 전역에서 살았습니다.

지난 1948년 눈 덮인 뉴질랜드의 머치슨 산맥에서 작은 서식지가 발견되기 전까지 과학자들은 약 50년 동안 타카헤가 멸종되었다고 믿었습니다.

뉴질랜드에는 날지 못하는 새가 많이 살고 있습니다. 서식지에 포식자가 없었기 때문에, 굳이 날 필요가 없었습니다. 그러다 최근 몇 년 동안 사람들이 섬으로 고양이, 족제비, 담비, 주머니쥐, 개와 같은 포식 동물들을 데려왔고, 타카헤는 이 동물들의 표적이 되었습니다. 그 결과, 개체 수가 급격히 줄어들었고 멸종 위기에 처하게 되었습니다.

환경보호 운동가들은 카카포와 타카헤 무리를 포식자가 없는 보호구역으로 이동시켰습니다. 이곳에서 세심한 관리와 특별한 먹이를 주는 등 건강한 개체들을 번식시키는 것을 목표로 다양한 노력을 펼치고 있답니다.

산호(CORALS)

산호는 바위나 식물처럼 보이지만, 사실 동물입니다.

거대한 암초에 붙어 생활하며 커다란 군체로 자라는 산호는 지구 온난화와 환경오염으로 인해 멸종 위기에 처했습니다. 지구 온난화가 계속 된다면, 우리는 앞으로 아름다운 산호를 볼 수 없을지도 모릅니다. 이를 막기 위해 최근 해양보호구역을 만들어 남획과 오염 문제를 해결하려는 노력이 이어지고 있습니다.

사는 곳
전 세계 바다, 얕은 열대 바다

위험 요소
기후변화, 환경 오염, 무분별한 채집

멸종 위기 상태
멸종 위기종 위기

- **사는 곳**
  호주 로드하우섬
- **위험 요소**
  육지의 포식자, 무분별한 채집
- **멸종 위기 상태**
  심각한 위기종 위급

로드하우 대벌레
(LORD HOWE ISLAND STICK INSECT)

바닷가재를 닮은 생김새 때문에 '육지 바닷가재'라는 별명을 갖고 있습니다.

세상에서 가장 무거운 곤충으로 알려진 로드하우 대벌레는 1930년대 호주의 로드하우섬에서 멸종된 것으로 알려졌습니다. 당시 난파된 배가 떠밀려왔고, 이 배에서 나온 쥐들이 대벌레를 모두 잡아먹은 것입니다.

그러다 지난 2001년, 바위가 많은 화산섬 '볼의 피라미드'에서 대벌레의 서식지가 발견되었습니다. 과학자들은 개체 보존을 위해 동물원으로 옮겨 보호하고 있으며, 번식시킨 로드하우 대벌레를 다시 서식지로 돌려보내기 위한 프로젝트를 진행하고 있습니다.

검은 코뿔소(BLACK RHINO)

검은 코뿔소와 흰 코뿔소의 실제 몸 색은 이름과 달리 회색입니다. 이 중 검은 코뿔소는 심각한 멸종 위기에 처해있습니다.

검은 코뿔소는 250만 년 전 마지막 빙하기 동안 지구에 살았던 털코뿔소의 후손입니다. 주름 많은 피부와 무시무시할 정도로 날카로운 뿔은 선사시대의 벽화에 그려진 털코뿔소의 모습과 매우 비슷합니다.

검은 코뿔소가 멸종 위기에 처하게 된 가장 큰 원인은 뿔입니다. 코뿔소의 뿔은 오래전부터 건강에 도움이 된다고 알려져 중국 전통 한의학에서 귀한 약재로 쓰이고 있습니다.

사는 곳
아프리카 남부와 동부

위험 요소
밀렵

멸종 위기 상태
심각한 위기종 위급

현재 검은 코뿔소 뿔을 판매하는 것은 불법입니다. 그럼에도 불구하고 밀렵꾼들은 돈을 벌기 위해 검은 코뿔소의 뿔만 잘라내고 있답니다. 검은 코뿔소를 사냥하기 위해 보호구역에 침입하고, 심지어 경비원을 해치는 일도 마다하지 않고 있습니다.

검은 코뿔소를 구하기 위해서는 강력한 조치가 필요합니다. 일부 지역에서는 검은 코뿔소의 뿔을 미리 제거하기도 합니다. 아주 오랜 기간 동안 지구에서 살고 있는 귀한 동물을 보호하기 위해 더 많은 노력이 필요합니다.

인드리(INDRI)

접시처럼 동그랗고 아름다운 눈을 가진 인드리는 여우원숭이 중 가장 크고 시끄럽습니다.

인드리는 2km 이상 떨어진 곳에서도 들을 수 있을 정도로 아주 시끄럽게 웁니다. 울음소리로 자신의 영역을 알리거나, 포식자들에게 다가오지 말라는 경고 신호를 보내는 것입니다. 인드리는 세상에서 가장 신기한 생물들의 서식지인 마다가스카에 살고 있습니다.

▼ 사는 곳
마다가스카

❗ 위험 요소
서식지 감소

◎ 멸종 위기 상태
심각한 위기종 위급

레서 카멜레온(LESSER CHAMELEON)

레서 카멜레온은 피부색을 바꿀 수 있는 매력적인 도마뱀입니다.

화려한 피부색을 뽐내는 레서 카멜레온은 애완동물로 인기입니다. 그 결과 숲에서 밀렵꾼에게 포획된 뒤 불법으로 거래되고 있습니다.

이 신비로운 동물들은 살 곳을 잃을 위험에 처해있습니다. 나무를 베어 목재와 땔감을 만들고, 농장을 만들기 위해 숲을 개간하면서 동물들이 집을 잃고 있는 것입니다. 그들의 아름다운 섬을 보호하기 위해, 환경보호 운동가들은 사람들이 불법으로 벌목이나 밀렵을 하지 못하도록 감시하고 있답니다.

▼ **사는 곳**
마다가스카

❗ **위험 요소**
밀렵, 서식지 감소

◎ **멸종 위기 상태**
멸종 위기종 위기

말라가시 레인보우 개구리
(MALAGASY RAINBOW FROG)

말라가시 레인보우 개구리의 외모를 보면 마치 색 페인트를 뿌려 놓은 것처럼 화려합니다.

말라가시 레인보우 개구리는 이살로 국립공원 안의 일부 지역에서만 삽니다. 서식지 감소와 애완동물용 불법 거래로 인해 개체수가 급격하게 줄어 멸종될 위기에 처해 있습니다.

▼ **사는 곳**
마다가스카

❗ **위험 요소**
밀렵, 서식지 감소

◎ **멸종 위기 상태**
멸종 위기종 위기

이집트대머리수리
(EGYPTIAN VULTURE)

황금빛 피부에 흰 털이 정수리까지 덮은 이집트대머리수리의 모습은 매우 위풍당당합니다.

이집트대머리수리는 다른 독수리처럼 쓰레기나 죽은 동물의 고기를 먹습니다. 그만큼 식성이 까다롭지 않은 편입니다.

그런데 때때로 먹잇감인 동물의 시체가 이집트대머리수리의 생명을 위험에 빠뜨리게 합니다. 일부 사냥꾼들은 다른 동물을 사냥하기 위해 독이 든 고기를 내놓는데, 이 사실을 모르는 이집트대머리수리가 훔쳐 먹고는 탈이 나고 맙니다.

또 총에 맞은 뒤 총알에서 나온 납에 중독된 고기도 있습니다. 이렇게 오염된 고기를 먹게 될 경우 병에 걸리고, 심할 경우 죽을 수도 있습니다.

사는 곳
아프리카, 중동, 유럽과 아시아 일부 지역

위험 요소
(납) 중독, 서식지 감소

멸종 위기 상태
멸종 위기종 위기

많은 수의사들은 사냥꾼들이 사냥을 할 때 약물을 쓰거나 독이 든 고기를 쓰지 못하도록 노력하고 있습니다. 이러한 노력이 모여 앞으로 건강한 이집트대머리수리가 하늘 높은 곳에서 멋지게 나는 모습을 볼 수 있기를 바랍니다.

마운틴고릴라(MOUNTAIN GORILLA)

많은 사람들이 고릴라를 무서운 동물이라고 생각하지만, 실제론 온화하고 다정합니다. 위협을 받았을 때만 공격적인 행동을 합니다.

그런데 불행하게도 마운틴고릴라의 삶은 서식지에서 일어나고 있는 인간들의 전쟁으로 인해 위험에 처하고 말았습니다. 심지어 밀렵꾼들은 마운틴고릴라 새끼들을 애완동물로 팔기 위해 무자비하게 사냥하고 있습니다. 그 결과 현재 남아 있는 야생 마운틴고릴라는 1천 마리가 채 되지 않습니다.

마운틴고릴라는 서식지 또한 잃고 있습니다. 인간들이 나무를 베고, 농사와 채굴을 하면서 울창한 숲을 망가뜨리고 있기 때문입니다.

▼ **사는 곳**
아프리카, 중동, 유럽과 아시아 일부 지역

❗ **위험 요소**
(납) 중독, 서식지 감소

◎ **멸종 위기 상태**
멸종 위기종 위기

이를 해결하기 위해 마운틴고릴라를 찾는 관광객들에게 요금을 받고 있습니다. 이렇게 모인 돈은 마운틴고릴라의 서식지뿐만 아니라 지역공동체를 보호하는 데 쓰이고 있습니다.

만약 여러분이 마운틴고릴라의 서식지를 관광할 예정이라면 우리 모두의 안전을 위해 지켜야 할 규칙이 있습니다. 마운틴고릴라에게 너무 가까이 가지 않아야 합니다. 왜냐하면 고릴라는 인간과 유전적으로 매우 비슷해서, 우리의 병이 그대로 전염될 수도 있기 때문입니다. 감기에 걸리거나 몸이 좋지 않을 때는 방문을 하지 않는 것이 좋습니다. 또한 마운틴고릴라가 위협을 느낄 수 있는 행동을 하지 않아야 합니다.

- 사는 곳
  전 세계 바다
- 위험 요소
  포경(고래잡이), 어망
- 멸종 위기 상태
  멸종 위기종 위기

참고래(FIN WHALE)

대왕고래에 이어 세상에서 두 번째로 큰 동물인 참고래는 100살까지 살 수 있습니다.

참고래는 거대한 크기에도 불구하고, '바다의 그레이하운드'로 알려질 정도로 물속을 빠르게 헤엄칩니다. 그러나 오래 전부터 고래에서 나오는 기름과 수염을 얻기 위해 어부들이 참고래를 남획하면서, 멸종 위기에 놓이고 말았습니다. 다행히도 지난 1986년, 이를 막기 위해 상업적으로 고래를 포획하는 것을 금지하기 시작했답니다.

바키타돌고래(VAQUITA)

수줍음이 많은 바키타돌고래는 눈 주변의 얼룩이 판다를 닮았다고 해서 '판다 돌고래'란 별칭을 갖고 있습니다.

바키타돌고래는 세계에서 가장 작은 알락돌고래이자 가장 희귀한 해양 포유동물입니다. 모험을 좋아하는 돌고래와 달리, 바키타돌고래는 매우 소심해서 배나 사람이 멀리 떨어져 있을 때만 수면으로 나옵니다. 이처럼 바키타돌고래의 모습을 직접 보는 것은 매우 드물기 때문에, 일부 어부들은 바키타돌고래가 실제로 존재하지 않는다고 생각하기도 한답니다.

- 사는 곳
  멕시코
- 위험 요소
  어망
- 멸종 위기 상태
  심각한 위기종 위급

참고래와 바키타돌고래는 모두 물고기를 잡기 위해 쳐놓은 어부의 그물에 쉽게 엉키고 맙니다. 꼬리나 지느러미가 그물에 걸리면, 숨을 쉬기 위해 바다 위로 올라오지 못해 목숨을 잃게 됩니다. 환경보호 운동가들은 어부들이 눈에 보이지 않을 만큼 얇은 그물인 '자망'과 바다의 밑바닥까지 내려 물고기를 싹쓸이 하는 '저인망'을 사용하지 못하게 해야 한다고 주장하고 있습니다. 그 결과 지난 2017년 멕시코에서는 자망의 사용을 금지하는 법이 만들어졌답니다.

이제 야생에는 바키타돌고래가 매우 적은 수만 남아 있어서, 환경보호 운동가들은 개체 번식을 위해 따로 사육할 필요가 있다고 생각합니다.

33

바다거북(GREEN TURTLE)

잠수의 대가인 바다거북은 바닷속에서 5시간 동안 숨을 참을 수 있습니다.

바다거북은 알을 낳기에 적당한 해변을 찾기 위해 매년 먼 거리를 여행합니다. 그러나 안타깝게도 바다거북의 알은 부화하기 전에 밀렵꾼들에게 불법으로 채집되곤 합니다. 일부 지역에서 이 알을 먹는 풍습을 갖고 있기 때문입니다. 심지어 다 자란 바다거북의 고기와 껍질 또한 불법으로 포획되거나 도살되고 있습니다. 환경오염과 해안가 개발로 인해 바다거북의 산란장은 점점 줄고, 서식지까지 파괴되면서 바다거북의 삶은 계속해서 더 큰 위협을 받고 있답니다.

▼ **사는 곳**
전 세계 열대 해역

❗ **위험 요소**
알 밀렵, 사냥, 환경오염

◎ **멸종 위기 상태**
멸종 위기종 위기

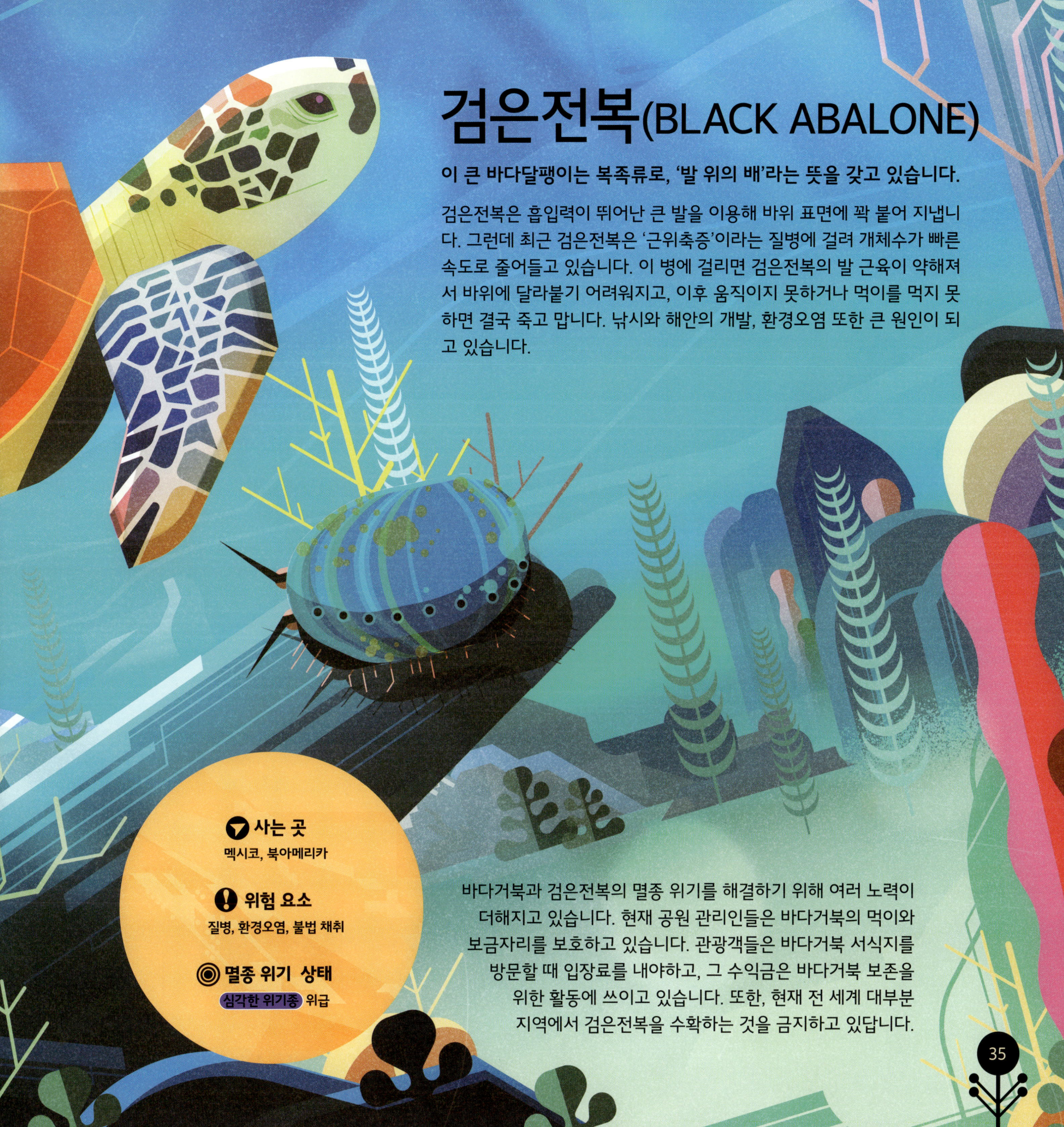

검은전복(BLACK ABALONE)

이 큰 바다달팽이는 복족류로, '발 위의 배'라는 뜻을 갖고 있습니다.

검은전복은 흡입력이 뛰어난 큰 발을 이용해 바위 표면에 꽉 붙어 지냅니다. 그런데 최근 검은전복은 '근위축증'이라는 질병에 걸려 개체수가 빠른 속도로 줄어들고 있습니다. 이 병에 걸리면 검은전복의 발 근육이 약해져서 바위에 달라붙기 어려워지고, 이후 움직이지 못하거나 먹이를 먹지 못하면 결국 죽고 맙니다. 낚시와 해안의 개발, 환경오염 또한 큰 원인이 되고 있습니다.

▼ **사는 곳**
멕시코, 북아메리카

❗ **위험 요소**
질병, 환경오염, 불법 채취

◎ **멸종 위기 상태**
심각한 위기종 위급

바다거북과 검은전복의 멸종 위기를 해결하기 위해 여러 노력이 더해지고 있습니다. 현재 공원 관리인들은 바다거북의 먹이와 보금자리를 보호하고 있습니다. 관광객들은 바다거북 서식지를 방문할 때 입장료를 내야하고, 그 수익금은 바다거북 보존을 위한 활동에 쓰이고 있습니다. 또한, 현재 전 세계 대부분 지역에서 검은전복을 수확하는 것을 금지하고 있답니다.

큰귀상어(GREAT HAMMERHEAD SHARK)

큰귀상어의 생김새는 먹이를 사냥하기에 완벽한 구조입니다.

큰귀상어는 유선형의 몸을 갖고 있습니다. 머리 부분에 망치처럼 양쪽으로 납작한 돌출 부위가 있고, 그 바깥쪽으로 눈이 있습니다. 이러한 생김새는 먹이를 찾는데 매우 효과적입니다.

아시아의 일부 지역에서는 '상어 지느러미 수프'를 먹습니다. 그래서 이 요리의 주재료인 큰귀상어들이 인간들에게 사냥되고 있습니다. 인간들은 큰귀상어를 사냥해서 지느러미만 잘라낸 뒤, 나머지 몸은 그대로 바다에 던져 버립니다. 또 다른 물고기를 잡기 위해 처 놓은 어망과 낚싯줄에 우연히 걸려 잡히기도 한답니다.

다행히도, 현재 많은 나라에서 상어 지느러미 거래를 금지하고 있습니다. 또 전 세계 상어 보호대사들이 상어를 보호하기 위해 열심히 노력하고 있습니다. 특히 유명인들을 중심으로 '상어 지느러미 수프'를 파는 식당에 가지 않는 운동이 활발히 이뤄지고 있답니다.

사는 곳
전 세계 열대 해역

위험 요소
알 밀렵, 사냥, 환경오염

멸종 위기 상태
멸종 위기종 위기

- 사는 곳
  대서양, 지중해
- 위험 요소
  남획
- 멸종 위기 상태
  멸종 위기종 위기

대서양 참다랑어
(ATLANTIC BLUEFIN TUNA)

은빛이 나는 푸른색 비늘과 어뢰 모양의 몸을 가진 거대한 대서양 참다랑어는 마치 미사일처럼 물속을 빠르게 헤엄칩니다.

대서양 참다랑어는 고급 음식의 재료로 쓰이면서 무분별하게 남획되었고, 멸종 위기에 처할 정도로 개체수가 줄었습니다. 현재 대서양 참다랑어의 멸종을 막기 위해 어부들이 잡을 수 있는 양을 제한하고 있습니다. 그러나 환경보호 운동가들은 대서양 참다랑어 규제가 더 엄격해야 한다고 주장하고 있습니다. 참다랑어는 어린 새끼가 성체로 자라는 데 시간이 오래 걸리고, 한 번에 낳는 새끼의 수도 적기 때문입니다. 따라서 우리가 참다랑어의 소비를 줄인다면, 바다를 시원하게 누비는 대서양 참다랑어의 모습을 오랫동안 볼 수 있을 것입니다.

친칠라(CHINCHILLA)

친칠라의 큰 귀와 긴 뒷발은 마치 토끼와 쥐를 섞어놓은 것처럼 보입니다.

작고 복슬복슬하게 털이 많은 친칠라는 남미 안데스산맥의 높은 바위 틈새에서 무리 지어 삽니다. 친칠라의 가죽은 아름답고 부드러워서 지난 수백 년 동안 명품 옷이나 액세서리용 모피를 만드는 데 사용되었습니다. 최근에는 귀여운 외모 때문에 전세계 가정에 인기 있는 애완동물이 되면서 마구 사냥되고 있습니다. 이 같은 문제를 해결하기 위해 친칠라 사냥을 금지하고 있지만, 서식지가 워낙 높고 험준하여 몰래 사냥하는 사람들을 막기가 매우 어려운 상황입니다.

사는 곳
안데스산맥, 칠레

위험 요소
밀렵, 서식지 감소

멸종 위기 상태
멸종 위기종 위기

뿔 아놀도마뱀
(HORNED ANOLE)

긴 코 때문에 '피노키오 도마뱀'으로도 불립니다.

뿔 아놀도마뱀은 높은 나뭇가지에서 주로 생활합니다. 위장술이 매우 뛰어나고 행동이 느리기 때문에 발견하기가 매우 어렵습니다. 그래서 한동안 뿔 아놀도마뱀은 멸종된 것으로 알려지기도 했답니다. 현재 뿔 아놀도마뱀은 에콰도르의 작은 숲에서만 발견되기 때문에, 만약 이 지역의 나무숲을 베어버리면 뿔 아놀도마뱀은 살 곳을 잃게 되고 말 겁니다.

사는 곳
안데스산맥, 에콰도르

위험 요소
서식지 감소

멸종 위기 상태
멸종 위기종 위기

친칠라와 뿔 아놀도마뱀의 서식지는 남아메리카의 안데스 산맥입니다. 이 두 동물을 보호하는 가장 좋은 방법은 서식지를 보호구역이나 국립공원으로 지정하는 것입니다. 예를 들어 '콜롬보-야쿠리 보호 및 보존개발지구'에서는 주변에서 농사를 짓기 위해 물을 사용할 때에도 지역주민이 직접 관리 감독하고 있답니다.

자이언트수달(GIANT RIVER OTTER)

'강의 늑대'로 알려진 자이언트수달은 주로 물고기를 잡아먹지만, 때로는 뱀과 악어도 잡아먹는 무시무시한 사냥꾼입니다.

브라질 판타나우 지역에 서식하는 자이언트수달은 최근 사냥꾼들의 사냥으로 개체수가 줄어들고 있습니다.

사냥꾼들이 두껍고 벨벳처럼 부드러운 자이언트 수달의 털을 노리고 있기 때문입니다. 현재는 자이언트수달을 사냥하는 것이 불법이지만, 애완동물로 키우고 싶어 하는 인간의 욕심 때문에 여전히 사냥꾼의 목표물이 되고 있답니다.

▼ **사는 곳**
남아메리카 일대

❗ **위험 요소**
채집, 서식지 감소, 오염

◎ **멸종 위기 상태**
멸종 위기종 | 위기

하야신스마코금강앵무
(HYACINTH MACAW)

세계 최대 열대 늪지인 브라질 판타나우는 형형색색의 새들이 비행하며 하늘을 아름답게 수놓습니다. 그중 가장 눈에 띄는 새는 바로 화려한 파란빛의 하야신스마코금강앵무입니다.

하야신스마코금강앵무는 세계에서 가장 큰 앵무새로, 밀렵꾼들에게 잡혀 애완동물로 비싼 값에 거래되고 있습니다. 환경보호 운동가들은 하야신스마코금강앵무의 개체수를 늘리기 위해 직접 포획해서 번식시키는 프로젝트를 진행할 예정입니다.

사는 곳
볼리비아, 브라질, 파라과이

위험 요소
채집, 밀렵, 서식지 감소

멸종 위기 상태
취약종 취약

아름다운 동물들의 서식지인 판타나우는 불법 채굴과 개발, 환경오염, 삼림 벌채로 파괴될 위기에 처해 있습니다. 판타나우는 브라질과 볼리비아, 파라과이 이렇게 3개 국가에 걸쳐 위치해 있고, 다른 많은 지역이 인접해 있습니다. 그래서 이 지역의 자연을 보호하기 위해서 여러 나라의 관심과 노력이 필요합니다. 그러한 계획 중 하나가 '판타나우 협정'으로, 750km에 달하는 판타나우 강의 수질을 개선하기 위해 노력하고 있답니다.

아홀로틀(AXOLOTL)

'우파루파'로 잘 알려진 아홀로틀은 절대 자라지 않습니다.

개구리로 자라지 않는 올챙이처럼 아홀로틀은 새끼 때의 모습을 평생 유지하며 살아갑니다. 폐가 생기지 않는 대신 아가미도 사라지지 않는데, 마치 뿔처럼 머리 양쪽으로 튀어나온답니다. 또 눈꺼풀도 자라지 않아 물 안에서만 생활합니다. 가장 놀라운 특징은 잃어버린 신체를 쉽게 만들 수 있는 재생능력을 갖고 있다는 것입니다.

야생 아홀로틀이 갈색을 띠는 것과 달리 가정집에서 애완동물로 기르는 아홀로틀은 주로 흰색이고 아가미가 분홍색입니다. 그 이유는 피부와 털, 눈 등에 색소가 생기지 않는 '알비노' 종이기 때문입니다.

▼ **사는 곳**
멕시코

❗ **위험 요소**
환경오염, 밀렵

◎ **멸종 위기 상태**
심각한 위기종 위급

최근 아홀로틀은 멸종 위기에 놓여 있습니다. 아홀로틀이 사는 호수가 오염되었고, 주변 마을의 상수로 사용되면서 점점 메말라 가고 있기 때문입니다. 환경보호 운동가들은 야생 아홀로틀이 안전하게 번식하고 살아남을 수 있도록, 그들의 서식지인 멕시코의 소치밀코 호수가 보호구역으로 지정되어 관리되길 바라고 있답니다.

북극곰(POLAR BEAR)

큰 키와 강한 턱을 가진 북극곰은 30km 이상 떨어진 곳의 먹잇감 냄새를 맡을 수 있을 정도로 후각이 뛰어난 사냥꾼입니다.

북극곰의 몸은 두껍고 이중으로 된 털로 덮여 있습니다. 북극의 추운 얼음 위에서 살 수 있도록 진화된 모습입니다. 그런데 최근 지구 온난화로 지구가 더워지면서, 북극곰의 서식지인 북극 바다의 얼음이 빠르게 녹고 있습니다. 그 결과 북극곰들은 큰 얼음 덩어리를 찾아 400km 이상 먼 길을 힘들게 헤엄쳐 가곤 합니다. 하지만 새끼 곰들은 이 긴 여정을 소화하기엔 체력이 부족하기 때문에, 중간중간 휴식 시간이 꼭 필요합니다. 그래서 새끼가 있는 가족은 먹이를 쉽게 구할 수 있는 곳에 머물러야 합니다. 만약 빙하가 사라지면 이 아름다운 동물들은 살 곳을 잃고, 먹이를 구하지 못해 굶어 죽게 될 것입니다.

지난 2015년, 전 세계 200여 개 나라가 파리 기후 협약에 동참했습니다. 지구 온난화 문제를 해결하기 위한 노력을 하겠다는 공동 약속입니다. 대표적으로 지구 온도 상승의 주원인으로 꼽히는 탄소의 배출량을 줄이기로 했습니다. 앞으로 이 약속이 반드시 지켜져서 북극곰 새끼들도 건강하게 자라고, 또 다른 가족을 이루며 살아갈 수 있기를 바랍니다.

산타카탈리나방울뱀
(SANTA CATALINA RATTLESNAKE)

산타카탈리나방울뱀은 이름과 달리 방울이 없는 살무사입니다.

산타카탈리나방울뱀의 서식지인 미국의 산타카탈리나섬에는 위협이 될 포식자가 없었습니다.

그런데 최근 산타카탈리나섬에 반려 고양이를 키우는 가정이 늘면서, 이 고양이들이 산타카탈리나방울뱀의 먹잇감인 사슴쥐나 뱀을 잡아 먹기 시작했습니다. 그 결과 먹이가 줄어든 산타카탈리나방울뱀의 생활이 위협받고 있습니다.

또한 산타카탈리나방울뱀이 애완동물로 인기를 끌고 있는 점도 문제입니다. 섬을 방문한 손님들이 함정을 설치해 산타카탈리나방울뱀을 마구잡이로 사냥하고 있답니다.

멸종 위기에 처한 산타카탈리나방울뱀을 구하기 위해서 이 섬에 사는 고양이의 수가 더 이상 늘지 않게 해야 합니다. 또한 방문객들이 뱀들을 섬 밖으로 데려가지 않도록 법이나 제도를 만들어야 할 것입니다.

- **사는 곳**: 미국 캘리포니아주 산타카탈리나섬
- **위험 요소**: 채집, 먹잇감 감소
- **멸종 위기 상태**: 심각한 위기종 위급

캘리포니아 콘도르(CALIFORNIA CONDOR)

북미에서 가장 큰 새인 캘리포니아 콘도르는 미국 남서부 지역의 높은 하늘에서 날고 있는 모습이 포착되곤 합니다.

캘리포니아 콘도르는 먹이를 찾기 위해 3m에 달하는 거대한 날개를 이용해 매일 먼 거리를 비행합니다. 커다란 포유동물인 양과 사슴은 물론 소까지 사냥할 수 있는 강력한 포식자입니다.

캘리포니아 콘도르는 현재 멸종 위기종으로 분류되어 보호받고 있습니다. 그래서 과학자들은 야생 콘도르를 보호하기 위해, 모두 포획한 뒤 인공으로 번식시키고 사육하는 프로그램을 하고 있습니다. 수년이 지나자 22마리에 불과하던 개체수가 400마리 이상으로 증가하였고, 성체를 다시 야생으로 되돌려 보내는 데까지 성공했답니다.

사는 곳
북아메리카, 멕시코

위험 요소
납중독, 밀렵

멸종 위기 상태
심각한 위기종 위급

암어리표범나비
(QUINO CHECKERSPOT BUTTERFLY)

예쁘고 화려한 날개 무늬를 자랑하는 암어리표범나비는 한때 남부 캘리포니아와 멕시코에서 흔히 볼 수 있었습니다.

1970년대부터 멕시코의 도시가 점점 개발되면서, 기온은 점차 높아졌습니다. 더불어 암어리표범나비 애벌레의 먹이 식물들도 급격히 줄어들었습니다. 결국 이 나비는 1997년에 공식적으로 멸종 위기종으로 선포되었답니다.

▼ **사는 곳**
캘리포니아, 멕시코

⚠ **위험 요소**
서식지 감소(서식처 파괴), 기후 변화

◎ **멸종 위기 상태**
멸종 위기종 위기

지난 2016년 현지의 생물학자들은 남아 있는 야생 암컷 중 일부를 실험실로 데려와 애벌레 1500마리를 배양했습니다. 그 뒤 이 애벌레를 다시 야생으로 방사했고, 이듬해 봄에 어른 나비로 부화시키는 데 성공했습니다. 환경보호 운동가들은 앞으로 암어리표범나비가 인간의 도움 없이도 잘 번식하고, 자유롭게 날 수 있을 정도로 회복되기를 바라고 있답니다.

큰긴코박쥐(GREATER LONG-NOSED BAT)

다른 박쥐처럼, 큰긴코박쥐도 채식주의 동물입니다.

큰긴코박쥐의 특징은 이름처럼 기다란 코와 콧구멍 주위에 있는 얇은 피부 주름인 '비엽'입니다. 주로 동굴과 광산, 터널에서 무리를 이루며 살아가는데, 유일한 먹이 식물인 용설란이 달콤한 과즙을 내뿜을 때에만 밖으로 나옵니다. 벌새처럼 꽃의 입구를 맴돌다가, 털로 덮인 혀를 사용해 안쪽을 탐색합니다. 그럼 큰긴코박쥐의 몸은 용설란 꽃가루로 뒤덮이게 되고, 이후 다른 용설란을 방문하면서 꽃가루를 옮기는 것입니다.

용설란은 알코올 음료인 데킬라의 원료로 사용됩니다. 그래서 인간들은 꽃이 피기도 전에 용설란을 수확하는데, 이로 인해 큰긴코박쥐는 꿀을 먹지 못하게 됩니다. 환경보호 운동가들은 큰긴코박쥐의 멸종 위기를 막기 위해 보금자리와 먹이 식물을 보호하고 있으며, 동시에 테킬라를 만들 때 용설란을 쓰지 않는 방법을 찾고 있답니다.

바다오리(PUFFIN)

바다오리는 주황색 발과 부리로 유명한데, 이 모습이 마치 깃털 달린 광대처럼 보입니다.

바다오리의 특징인 주황색 부리는 일 년 중 번식기 동안만 나타납니다. 번식기가 되면 바다오리들은 바다 옆 바위 절벽에 모여 대규모 무리를 만들고, 짝짓기를 한 뒤 알을 낳고 삽니다. 이로 인해 이 시기에는 바위 절벽 가장자리가 주황빛으로 물든답니다.

최근 들어 바다오리의 평화로운 일상이 무너지고 말았습니다. 기후변화로 인해 바닷속 생태계가 변하면서 먹이 물고기가 줄어들었기 때문입니다. 만약 이대로 바다오리가 먹이 물고기를 계속 구하지 못하면, 굶주림으로 멸종될 위기에 처하게 될 것입니다.

지금까지 바다오리가 어떻게 살고 번식하는지 충분히 알려지지 않았습니다. 우리가 바다오리를 보호하기 위한 첫 번째 단계는 바다오리의 일상 생활에 대해 더 많이 알아내고 배우는 것입니다.

▼ **사는 곳**
북대서양

❗ **위험 요소**
기후변화, 그물망, 오염

◎ **멸종 위기 상태**
취약종 취약

지난 2017년, 영국의 과학자들이 가장 먼저 실천에 옮기기 시작했습니다. 바다오리의 서식지를 찾는 관광객들에게 먹이를 먹는 모습을 발견하면, 사진을 찍어 보내 달라고 요청한 것입니다. 이 데이터를 활용해 바다오리 수가 왜 감소하는지, 이를 막기 위해 우리가 어떤 일을 할 수 있는지 알아내고 있습니다.

물쥐(WATER VOLE)

늘 분주한 물쥐는 물가의 재주꾼입니다.

습지나 수로의 둑 주변을 둘러보면 바쁘게 돌아다니는 들쥐의 모습을 발견할 수 있습니다. 물 위를 한가로이 떠다닐 수 있는 뗏목을 만들기 위해 풀과 작은 나무들을 모으고 있는 중입니다. 물쥐는 땅파기 전문가이기도 합니다. 물가의 땅을 직접 파서 거대한 굴을 만들고, 그 안에서 생활한답니다.

- **사는 곳**
  유럽 전역; 중동과 극동 지방 일부
- **위험 요소**
  서식지 감소, 오염
- **멸종 위기 상태**
  멸종 위기종 위기

큰뗏목거미 (GREAT RAFT SPIDER)

크고 다리 털이 많은 큰뗏목거미는 한때 습지의 수면 위를 지배하던 동물입니다.

큰뗏못거미는 사냥을 할 때 몸은 숨기고, 앞다리만 물 위에 올려놓은 채 먹이를 기다립니다. 물의 떨림으로 먹잇감인 물고기의 움직임을 알아챈 뒤 사냥하는 것입니다.

- ▼ 사는 곳
  영국 노퍽
- ⚠ 위험 요소
  서식지 감소
- ◎ 멸종 위기 상태
  멸종 위기종 위기

호커잠자리
(NORFOLK HAWKER)

투명한 날개와 선명한 녹색 눈, 삼각형 모양의 노란 앞가슴등판을 뽐내는 예쁜 호커잠자리는 한때 습지 곳곳에서 쉽게 볼 수 있었습니다.

그러나 호커잠자리의 개체 수는 점점 줄어들었고, 최근에는 영국 잉글랜드의 동쪽에 위치한 노퍽 지방에서만 일부가 발견되고 있습니다. 개체 수 감소의 가장 큰 원인은 농약과 하수로 인한 습지의 오염입니다. 심지어 일부 지역에서는 농지와 집을 더 많이 짓기 위해 습지의 물을 빼고 있습니다.

다행히도, 현재 유럽 전역의 대부분의 습지가 특별 보호구역으로 지정되고 있습니다. 덕분에 이 주변 지역에 건물을 짓거나 농사를 짓는 데에 엄격한 기준과 제한이 생겼답니다.

- ▼ 사는 곳
  유럽 전역
- ⚠ 위험 요소
  서식지 감소
- ◎ 멸종 위기 상태
  취약종 취약

큰 노란 호박벌
(GREAT YELLOW BUMBLEBEE)

벌은 꽃을 찾아다니며 꿀을 모읍니다. 이렇게 벌이 다녀간 덕분에 꽃이 진 뒤 과일과 채소가 열립니다.

벌의 종류는 2만 종이 넘고, 그중 몇 종만이 꿀을 만듭니다. 하지만 꿀을 만들지 않는 다른 벌들도 꽃들을 돌아다니며 열매를 맺게 하는 중요한 역할을 합니다. 일단 벌이 꽃 위에 앉으면 다리와 몸에 꽃가루가 묻습니다. 이후 벌이 다른 꽃으로 이동하면, 꽃가루도 함께 이동하여 다른 꽃의 암술에 붙어 수정이 일어납니다. 식물은 다른 식물의 꽃가루가 없으면 번식할 수가 없습니다. 그만큼 벌은 생태계에서 중요한 생명체입니다.

사는 곳
유럽, 북아메리카

위험 요소
서식지 감소, 중독

멸종 위기 상태
멸종 위기종 위기

그런데 인간들이 식량을 얻기 위해 더 많은 땅을 경작하면서, 야생화 목초지와 산울타리가 사라지고 있습니다. 이 지역에서 먹이 식물들이 없어지면서 벌들도 점점 사라지고 있습니다. 벌들은 또한 농작물에 사용되는 살충제에 중독되어 목숨을 잃기도 합니다.

우리가 벌을 보호하기 위해 어떤 일을 할 수 있을까요? 바로 정원과 토종 야생화를 심는 것입니다. 또 농작물을 기를 때 농약과 같은 위험한 화학물질을 최대한 사용하지 않도록 합니다.

우리의 도움이 필요한 또 다른 생명체

현재 지구에는 위험에 처해있는 생명체가 너무 많습니다.
그 중 이 책에서 소개할 동물을 선택하는 것은 너무 어려웠습니다.
그래서 여기에 우리의 도움이 필요한 생명체들을 더 소개하고자 합니다.

만약 또 다른 멸종 위기종이 궁금하다면 아래 사이트를 방문해보세요.
www.iucnredlist.org/amazing-species

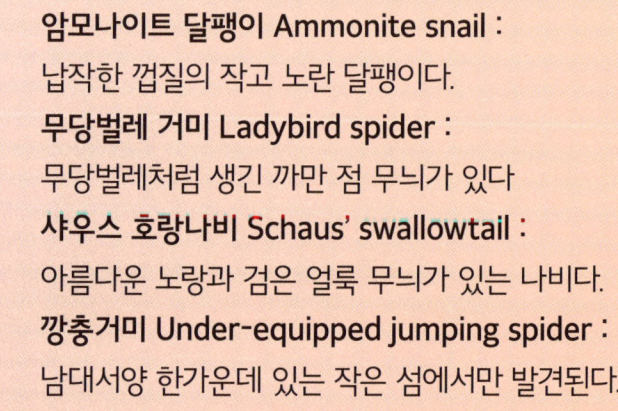

포유류 MAMMALS

아마미검은멧토끼 Amami rabbit :
일본 토끼로 작은 귀와 검고 빽빽한 털을 가졌다.

아시아 코끼리 Asian elephant :
지구상에서 큰 동물 중 하나다.

(대왕고래) 흰긴수염고래 Blue whale :
지구상 현존하는 가장 큰 동물이다.

침팬지 Chimpanzee : 유전적으로 사람과 가장 유사한 동물이다.

듀공 Dugong : '바다 소로 알려진 해양 포유동물이다.

말레이언 테이퍼 Malayan tapir : 생김새가 마치 돼지와 코끼리의 이종교배로 태어난 동물처럼 보인다.

갈기세발가락나무늘보 Maned three-toed sloth :
나무늘보 중 가장 희귀하다.

피그미 하마(난쟁이하마) Pygmy hippo :
작은 야행성 하마다.

서부긴코가시두더지 long-beaked echidna :
고슴도치와 개미핥기, 닭을 교배한 것 같은 생김새를 갖고 있다.

무척추동물 INVERTEBRATES

암모나이트 달팽이 Ammonite snail :
납작한 껍질의 작고 노란 달팽이다.

무당벌레 거미 Ladybird spider :
무당벌레처럼 생긴 까만 점 무늬가 있다

샤우스 호랑나비 Schaus' swallowtail :
아름다운 노랑과 검은 얼룩 무늬가 있는 나비다.

깡충거미 Under-equipped jumping spider :
남대서양 한가운데 있는 작은 섬에서만 발견된다.

새 BIRDS

발레아레스 슴새 Balearic shearwater : 세계에서 가장 희귀한 바닷새 중 하나다.

크리스마스 뉴질랜드 솔부엉이 Christmas boobook : 밝고 노란 눈을 가진 긴꼬리올빼미다.

논병아리 Hooded grebe : 놀라운 춤 실력으로 유명한 물새다.

큰흑백색 딱따구리 Ivory-billed woodpecker : 빨간 왕관을 쓴 매력적인 새다.

필리핀 독수리 Phillipine eagle : 원숭이를 잡아먹는 것으로 유명한 새다.

넓적부리황새 Shoebill : 길고 마른 다리와 우스꽝스럽게 생긴 신발 모양의 부리를 가진 큰 새다.

파충류와 양서류 REPTILES AND AMPHIBIANS

청독침개구리 Blue poison dart frog : 피부에 치명적인 독이 있는 청개구리다.

중국왕도룡뇽 Chinese giant salamander : 세계에서 가장 큰 양서류다.

루이지애나 솔 뱀 Louisiana pine snake : 노랑과 갈색을 띠는 뱀(보아뱀)이다.

몽세니 개울 영원 (도롱뇽목 영원과의 양서류) Montseny brook newt : 밝은 노란색 반점이 있는 작은 갈색 양서류다.

어류 (희귀어종) FISH

전자리상어 Angel shark : 날개처럼 생긴 지느러미를 가진 납작한 몸집의 상어다.

왕쥐가오리 (자이언트 데블 레이) Giant devil ray : 거대 가오리로, 너비가 5m가 넘는 것도 있다.

(밝은 도라치) Lightning man triplefin : 큰 눈을 가진 작고 밝은 색의 물고기다.

토토아바 Totoaba : 멕시코에서 서식하는 거대 은어다.

야키(산) 메기 Yaqui catfish : 길고 재밌게 생긴 수염을 가진 짙은 회색 물고기다.

작전개시!

공장과 자동차에서 나오는 유해한 가스는 우리의 하늘을 오염시키고,
플라스틱은 우리의 바다 생물들의 생명을 위협하고 있습니다.
또 농지와 주택을 만드는 일들로 인해 거대한 열대 우림이 사라지고 있습니다.

만약 우리가 긍정적인 변화를 위한 행동을 바로 시작하지 않는다면, 우리의 소중한 생명체 중 일부는 영원히 사라질 것입니다. 이 책에서 우리는 이러한 위기에 대응하기 위한 몇 가지 환경보호 프로젝트를 살펴보았습니다. 전 세계 수천 명의 환경보호 운동가들은 멸종 위기에 처한 동물을 구하기 위해 엄청난 노력을 하고 있습니다. 일부 지역에서는 큰 단체에 사람들이 모여 특정 동물과 서식지를 보호하기 위해 함께 일합니다. 또 일부 지역에서는 환경보호 운동가 혼자 일하기도 하는데, 그 지역에 서식하는 동식물 전체의 생존이 단 한 사람의 활동으로 구조되고 있습니다.

우리 모두가 꼭 전문적인 환경보호 운동가가 될 필요는 없습니다. 일상생활에서 실천할 수 있는 다양한 방법이 있기 때문입니다. 일상의 작은 변화가 환경에 큰 영향을 미칠 수 있습니다. 지구를 보호하기 위해 우리가 할 수 있는 몇 가지 행동을 알아봅시다.

❗ 지구 온난화를 일으키는 온실가스를 줄이기 위해 짧은 거리를 이동할 땐 자동차 대신 걷거나 자전거를 탄다.

❗ 일회용 플라스틱과 포장이 많은 제품의 사용을 피하고, 만약 써야한다면 재활용이 가능한 플라스틱 제품을 사용한다.

❗ 멸종 위기종과 자연환경에 영향을 주지 않고 계속 사용할 수 있도록 생산된 제품을 구입한다.

❗ 무엇보다 가장 중요한 것은 우리 모두 환경보호 대변인이 되어 아름다운 지구를 보호하기 위해 어떻게 함께 노력할 수 있는지 알아보고 친구들에게 알려 함께하도록 권장한다.

아래 홈페이지에서 좀 더 구체적인 환경보호 문제 및 프로젝트를 확인해 보세요.

세계 조류 연맹
(Birdlife International)
www.birdlife.org

버그라이프
(BugLife)
www.buglife.org.uk

뒤영벌보존기금
(Bumblebee Conservation Trust)
www.bumblebeeconservation.org

국제보호협회
(Conservation International)
www.conservation.org

영국 듀렐 야생동물 보호단체
(Durrell Wildlife Conservation Trust)
www.durrell.org

영국 런던동물원(ZSL)의
에지 프로그램
(EDGE)
www.edgeofexistence.org

국제삼림관리협의회
(Forest Stewardship Council)
www.fsc-uk.org

고릴라 조직
(The Gorilla Organisation)
www.gorillas.org

세계자연보전연맹
(IUCN (International
Union for Conservation
of Nature))
www.iucn.org

제인구달연구소
(The Jane Goodall Institute)
www.janegoodall.org.uk

해양 보존 협회
(Marine Conservation Society)
www.mcsuk.org

생태환경전문지 〈몬가베이〉
(Mongabay)
www.mongabay.com

열대우림동맹
(Rainforest Alliance)
www.rainforest-alliance.org

뿌리와 새싹
(Roots & Shoots)
www.rootsnshoots.org.uk

지속가능한 팜유를 위한
라운드테이블
(Roundtable on Sustainable Palm Oil)
www.rspo.org

상어기금
(Shark Trust)
www.sharktrust.org

수마트라 오랑우탄 사회
(Sumatran Orangutan Society)
www.orangutans-sos.org

오물에 반대하는 서퍼들
(Surfers Against Sewage)
www.sas.org.uk

고래와 돌고래 보호협회
(WDC)
uk.whales.org

월드랜드트러스트
(World Land Trust)
www.worldlandtrust.org

영국 런던동물원
(ZSL)
www.zsl.org/conservation

미래에 대한 희망

그동안 인간이 편리하도록 변화해온 현대 생활양식은 생물들의 서식지를 파괴하고, 야생동물을 멸종 위기에 처하게 했습니다. 반면 끊임없이 개발되고 있는 과학 기술이 환경을 보호하고 멸종 위기 종을 구하는 데 긍정적인 역할을 하기 시작했습니다. 어떤 기술이 있는지 알아볼까요!

야생동물을 관찰하는데 흔히 쓰이는 장비는 카메라 트랩입니다. '카메라 트랩'은 카메라가 단단한 케이스에 담겨 있는 형태로, 먼 곳에서도 카메라를 조작할 수 있습니다. 덕분에 환경보호 운동가들은 카메라 트랩을 숲속 나무에 설치 한 뒤, 직접 관찰할 수 없는 생명체의 비밀스러운 모습을 찍을 수 있습니다. 또 모션 센서와 적외선 센서가 있어서 어두운 밤에도 동물들의 움직임을 감지하고 촬영할 수 있습니다. 이렇게 찍힌 사진과 영상은 과학 연구에도 유용하게 쓰일 뿐만 아니라, 온라인을 통해 세계 여러 지역에 살고 있는 과학자들과 일반인들에게 공유됩니다. 그 결과 이러한 중요한 프로젝트를 더 많은 사람들에게 알리고, 환경 보호에 대한 인식을 높일 수 있게 되었습니다.

음향 녹음은 우리가 직접 만나기 어려운 동물들을 이해할 수 있도록 도와줍니다. 동물들이 서식하는 지역에 녹음기를 설치하면, 접근하기 힘든 환경에 직접 가지 않고도 생명체들이 내는 소리를 확인할 수 있습니다. 또 이 소리가 시간이 지나면서 어떻게 변하는지 파악하고, 어떤 동물들이 번식했는지, 누가 위험에 처해있는지, 또는 사라지기 시작했는지에 대한 정보를 얻을 수 있습니다.

카메라가 내장된 드론은 멸종 위기에 처한 종과 그들의 서식지를 보호하는 데 사용됩니다. 드론은 불법 벌목 현장을 찾아내고, 산불과 밀렵 사건을 기록하고, 심지어 동물들의 움직임을 추적할 수 있습니다.

환경보존 문제를 세상에 알리기도 훨씬 쉬워졌습니다. 소셜 미디어를 통해 더 많은 사람이 멸종 위기에 처한 종들의 심각성을 인식하게 되고, 멸종 위기 종을 구하기 위한 싸움에 동참하고 있습니다.

또한 스마트폰 앱을 이용하면 일반 사람들도 과학자들의 연구에 참여할 수 있습니다. 관광지에서 발견한 멸종 위기 동물들과 주변 환경의 모습, 일상생활에서 쉬이 만나는 생명체의 특징들을 기록하고 공유할 수 있기 때문입니다. 이렇게 모인 정보들은 과학자들에게 공유되어 동물보호에 도움이 되는 중요한 자료가 됩니다.

보존 프로그램을 운영하는 방식도 바뀌고 있습니다. 지역 사회는 사람과 동물 모두를 위해 함께 사는 환경을 관리하는데 더 많은 관심을 기울이고 있습니다. 또 사람들이 모은 기금은 멸종 위기 종을 보호하고 프로젝트가 지속될 수 있도록 사용되고 있답니다.

아직까지 우리는 지구의 미래에 대해 걱정해야 할 일들이 많습니다. 우리는 이미 많은 실수를 저질렀습니다. 하지만 아직 늦지 않았습니다. 지난 2016년, 과학자들의 노력으로 대왕판다가 멸종 위기종에서 제외되었습니다. 또 2017년에는 공공 캠페인의 성과로 중국에서 상아를 판매하는 것을 금지하기 시작했습니다. 한 걸음 한 걸음, 우리는 올바른 방향으로 나아가고 있습니다. 그리고 우리 모두 함께 지구의 미래에 대한 책임을 진다면, 믿기 힘든 수많은 멸종 위기에 처한 생명체들을 구할 수 있을 것입니다.

SAVING SPECIES

멸종 위기 동물들

1판 1쇄 발행 2020년 5월 10일
1판 4쇄 발행 2025년 9월 30일

글 제스 프렌치 | **그림** 제임스 길러드
펴낸이 정윤화 | **펴낸곳** 더모스트북
옮긴이 명혜권 | **편집** 이윤선 | **디자인** S and book (design S)
출판등록 | 제2016-000008호
주소 강북구 인수봉로 64길 5 | **전화** 02-908-2738 | **팩스** 02-6455-2748 | **이메일** mbook2016@daum.net
ISBN 979-11-87304-16-6 73470 | **정가** 20,000원

우리동네책공장은 더모스트북의 아동브랜드입니다.

Saving Species
Text copyright © Jess French, 2018
Illustration copyright © James Gilleard, 2018
The right of Jess French and James Gilleard to be identified as author and
illustrator respectively of this work has been asserted by them in accordance
with the Copyright, Designs and Patents Act 1988.
First published in Great Britain in 2018 by Wren & Rook
Korean edition copyright © The Mostbook, 2020
All rights reserved.
This Korean edition published by arrangement with Hodder and Stoughton Limited, on behalf of Wren & Rook, a division of Hachette Children's
Group through Shinwon Agency Co., Seoul.
이 책의 한국어판 저작권은 신원에이전시를 통해 저작권사와의 독점 계약으로 더모스트북에 있습니다.
저작권법에 의해 한국 내에서 보호를 받는 저작물이므로 무단전재와 무단복제를 금합니다.

글 제스 프렌치

열정적인 수의사이자 동물학자 그리고, 환경 운동가로 BBC Wildlife 잡지에서 선정한 영국의 50대 환경 운동가로 선정되기도 했습니다. 그녀는 영국 BBC의 유아전문 채널 CBeebies에 자신의 TV 시리즈를 선보이기도 했고, 여러 방송사에서 환경과 동물 관련 프로그램을 진행하기도 했습니다. 현재 그녀는 어린이들을 위한 환경 도서를 쓰고 지구를 살기 좋은 곳으로 만들기 위해 노력 하며 지내고 있습니다.

그림 제임스 길러드

1950년대,60년대,70년대의 애니메이션과 건축물, 사진, 빈티지 영화 포스터, 만화 등에서 영향을 받아 작업을 진행 하는 일러스트레이터 겸 애니메이터입니다. 그리고, 그의 아름다운 느낌의 일러스트는 현재 영화 포스터, 애니메이션 그리고 책을 만드는데 사용 되고 있습니다.

옮긴이 명혜권

도서관 사서로 일하며, 프랑스와 영어 그림책을 기획하고 우리말로 옮기는 일을 하고 있고, 《도서관에 나타난 해적》,《꼬마 여우》,《커다란 포옹》 등 여러 책을 우리말로 옮겼습니다.